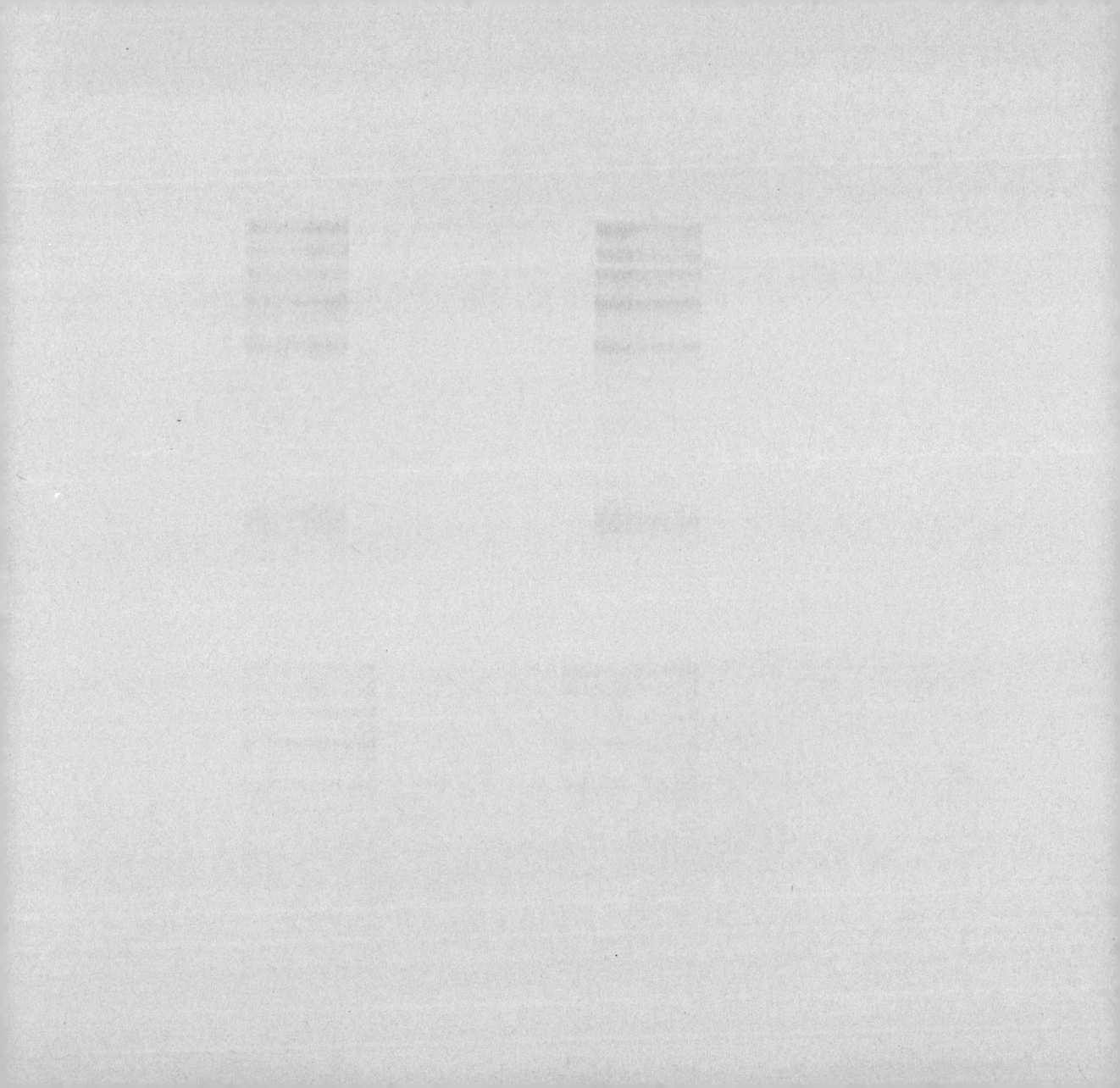

犬鳴山修験道

葛城二十八宿を巡る

垂井俊憲写真集

東方出版

平成12年は、修験道山伏の開祖役行者（役小角《えんのおづぬ》）1300年御遠忌の年に当たりました。

犬鳴山の開山は、斉明天皇の７年役行者28歳の開基であり、大和大峯山より６年前に開山されたので、元山上《もとさんじょう》と称し葛城峯中の奥の院とも呼ばれ葛城二十八宿修験根本道場であります。

葛城修行は、大峯奥駆修行と共に、極めて大切な金胎両部の修行であり、昔より、この両行場を修行して初めて、大先達と言われる程でありました。

此の葛城の峯とは、紀州、和泉、大和、河内の４ヶ国の国境を西から東へ、そして南から北へと、Ｌ字形になった峯々で、和泉山脈、金剛山脈（平成８年より国定公園指定）の総称であり、総延長約120kmに及び、西は加太友ヶ島から、北端は大和川上流亀ヶ瀬に至る間に、役行者は法華経二十八品の一品宛を、峯中の要所に埋納して、経塚を建て、入峯修行者のため28ヶ所の参籠行所を作られました。

刊行にあたって

東條仁哲

犬鳴山修験道総裁

大本山七宝瀧寺貫主

これが葛城二十八宿であります。この二十八宿修行には、弘法大師を始め高祖方も多数修行せられ、古来より数多くの山伏によって盛んに修行し続けられたが､明治初年修験道の衰微と共に葛城巡行をする者が絶えてしまい、最近まで経塚霊所等もほとんど隠滅してしまいましたが、当山が昭和25年８月犬鳴山修験道再建にともない、当山先達により、29年秋、修行峯通りが分明し、経塚の所在が明らかとなった。爾来三井寺、聖護院等の寺院と当山が協力して研究され、合同の入峯修行が行われるようになりました。

現在でも当山山伏が入峯修行の度に整備し、一般の方々にも解りやすく入峯出来るまでに至りました。

役行者の御遠忌を記念して、関係者の御好意により、一般の方にも修験道と、葛城二十八宿が理解しやすい写真集の発刊にあたり、心より御礼申し上げます。

また当山も御遠忌を記念し、犬鳴山の行場全域に「葛城修験犬鳴山内二十八宿」を新設いたしましたので、是非一度、体験して下さい。役行者の御遠忌を機会に今一度修験道を再発見されますようお祈りいたします。　合掌

1 —— ● 高野山山頂1000 mから望む葛城山の全景

2——●友ヶ島の先端にある虎島

3——友ヶ島の野奈浦港船着場

4——友ヶ島不動前広場

5——● 閼伽井《あかい》跡での勤行

6——●友ヶ島から虎島へ渡る

7——第一経塚付近にて法螺貝を吹く

8——序品《じょほん》窟手前の垂直の岩山

10 12
11

9 / 10 / 11 / 12——●第一経塚「序品窟」の内部

13——●友ヶ島第二行場「観念窟」

14——●友ヶ島第二行場「観念窟」

15 ——●観念窟上の断崖面の友ヶ島五所の刻字

16

17

16 / 17——観念窟崖上35mの岩盤

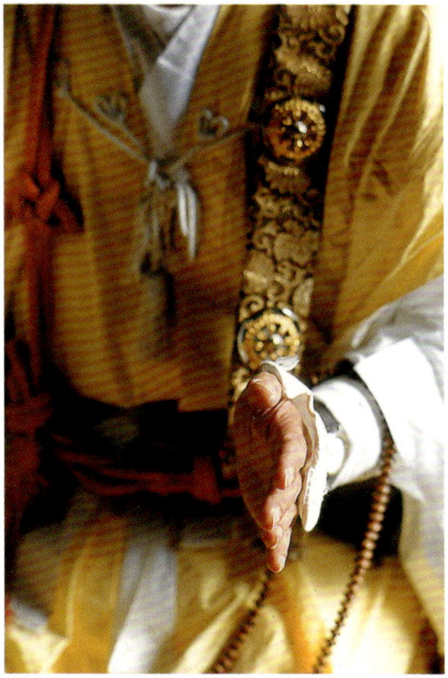

19

18——法螺貝を吹く若き行者

20

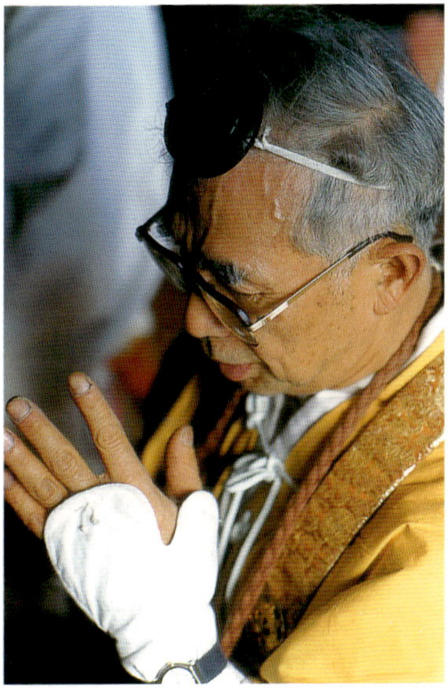

21

19 / 20 / 21 —— 護摩行

22—— 友ヶ島不動前にて法螺貝を吹く

24 ——● 護摩行

23 ——● 印を結ぶ

25 ——行中の斧先達

26

27

26 / 27 ——第九経塚付近より紀の川、
高野山方面を望む

28 ——● 夏の紀の川沿いを望む

29 —— 西の覗き蟻の戸渡り

30 —— 犬鳴山裏行場での勤行

32 ——● 柴燈《さいとう》護摩《ごま》を焚く行者

33 ——●行者の滝「奥の滝」

34 —— 犬鳴山身変り不動明王

35 —— 28歳の時の役行者像

36 —— 護摩行にて印を結ぶ

37 —— 犬鳴山にて弓先達

38 —— ●勤行の表情

39

40

39 / 40 ——●東條仁哲犬鳴山七宝瀧寺貫主の護摩

41——行者の滝前での柴燈護摩

42
43

42 / 43 —— 護摩焚き

44 —— 水行前の祈り

45 —— 奥の滝にて水行

46 —— 水行

47 —— 水行

48 ―― 経塚第十番の地「牛滝山大威徳寺」

49 —— 経塚第十番の地「牛滝山大威徳寺」

50 —— 朝靄の中の行者

51 ——● 数珠操り

52

53

52 / 53 —— 第十四番付近の南葛城山中

54 —— 天を見上げる行者

55 —— 勤行の行者

56——●遠くを見つめる行者

57——●木漏れ日の中の行者「第十四番」付近

58 —— ●夏の紀泉高原

59——●夏の行者

60 —— 河内長野市の
御光の滝

61 —— ● 第十六番経塚での勤行

62 —— ● 天見不動経塚付近

63 ── ● 朝の杉並木「金剛山」

64 —— 第十八番岩瀬の経塚

65 ―― 第十八番経塚での勤行

66 | 67

66 / 67 —— 法螺貝を吹く行者

68 —— 西の行者祠岩場での勤行

69 ——◦雪の金剛山「転法輪寺」

70 —— 朝靄の渓流

71 ——● 第二十四番平石峠の経塚

72

73

72 / 73 —— 第二十四番経塚にて

74——第二十五番高貴寺にて
法螺貝を吹く

75 —— ● 高貴寺付近の雨上がりの山並

葛城二十八宿／経塚

役行者が法華経二十八品を埋納し経塚を造ったことは、修験者の中では、よく知られたことです。葛城二十八宿経塚はその中で現存する最古の経塚です。

①

②

③

④

④

⑤

⑥

⑦

⑧

⑨

⑩

⑪

⑫

⑬

⑭

⑮

如来寿量品第十六

⑯

妙法蓮華経分別功徳品第十七経塚

⑰

⑱

妙法蓮華経如来神力品第二十一経塚

㉑

妙経
法師功徳品第十九之

⑲

㉒

⑳

妙法蓮華経薬王菩薩本事品第二十三経塚

㉓

㉔

㉕

㉖

㉗

㉘

① 序品第一・友ヶ島経塚
② 方便品第二・神福寺跡経塚
③ 譬喩品第三・大福山経塚
④ 信解品第四・さくら地蔵経塚
⑤ 薬草喩品第五・倉谷山経塚
⑥ 授記品第六・志野峠経塚
⑦ 化城喩品第七・中津川経塚
⑧ 五百弟子受記品第八・七宝瀧寺鈴杵ヶ嶽経塚
⑨ 授学無学人記品第九・嶺の竜王経塚
⑩ 法師品第十・大威徳寺経塚
⑪ 見宝塔品第十一・七越峠経塚山経塚
⑫ 提婆達多品第十二・護摩のたわ朴留の経塚
⑬ 勧持品第十三・向い多和経塚
⑭ 安楽行品第十四・光瀧寺経塚
⑮ 従地涌出品第十五・岩湧山経塚
⑯ 如来寿量品第十六・流谷金剛童子経塚
⑰ 分別功徳品第十七・天見不動経塚
⑱ 随喜功徳品第十八・岩瀬経塚山経塚
⑲ 法師功徳品第十九・神福山経塚
⑳ 常不軽菩薩品第二十・石寺跡経塚
㉑ 如来神力品第二十一・金剛山経塚
㉒ 嘱累品第二十二・水越多和経塚
㉓ 薬王菩薩本事品第二十三・倶尸羅《くしら》経塚
㉔ 妙音菩薩品第二十四・平石峠経塚
㉕ 観世音菩薩普門品第二十五・高貴寺香華畑経塚
㉖ 陀羅尼品第二十六・二上山経塚
㉗ 妙荘厳王本事品第二十七・逢坂経塚
㉘ 普賢菩薩勧発品第二十八・亀の瀬経塚

修験道《しゅげんどう》、あるいは山伏と聞くと、何やらおどろおどろしいイメージを持ってしまう。時代劇などではたいてい悪役扱いだ。そのいでたちが誤解をうむのだろう。鈴懸《すずかけ》という衣装をまとい、額に兜巾《ときん》、結袈裟《ゆいげさ》をかけ手甲に脚半。さらにほら貝、錫杖《しゃくじょう》、笈《おい》など、どれも時代ばなれしている。

だがその一方で、われわれは山伏を「行者さん」と呼んで畏敬の念を抱く。私たちの祖先は、深山にこもって修行を積んだ山伏の霊力や呪力にすがった。雨ごいや豊作、病気治癒などの加持祈禱《かじきとう》は庶民の暮らしと深く結びついてきた。いわば最も身近な宗教者であったと言ってよいだろう。それは今も受け継がれている。

修験道は、原始社会で山を神さまや霊のすみかとして崇拝する山岳信仰がルーツだ。それに古代から中世にかけて、仏教や陰陽道が結びつき独自の発展をとげた。和歌森太郎さんは山伏を「山岳に登拝修行し、そこで感得した験力《げんりき》をもって、加持祈禱の呪法を行う行者」(『山伏』中公新書)と定義づけた。

平安時代には山岳霊場として吉野から熊野にかけての大峯山をはじめ出羽の羽黒山、日光の二荒山《ふたらさん》、富士山、越中立山、伯耆《ほうき》大山、四国の石鎚山、九州の英彦山などがひらかれた。前述の和歌森さんの著書では修験系の山は

解説

佐竹通男

青森から鹿児島まで135山にのぼる。いまも山伏たちが「道場」として修行を続けている山も多い。

本書は西暦2000年のいま、葛城二十八経塚・葛城二十八宿《しゅく》をめぐる山伏たちの姿をとらえた貴重な記録である。その撮影現場は大阪・奈良・和歌山の3府県境の逆L字形の金剛、和泉山系に広がっている。古くからこれらの山なみは葛城山と総称されてきた。つまり、現在の二上山、葛城山、金剛山、岩湧山、和泉葛城山など標高1000メートル前後のピークを結び、さらに紀淡海峡に浮かぶ友ケ島(和歌山市)までの112キロである。

ここは修験道各派が開祖と仰ぐ役行者《えんのぎょうじゃ》が最初にひらいた霊山と伝えられ大切にまもられてきた。役行者は友ケ島から大和川の亀ノ瀬(奈良県王寺町)までの山頂や尾根、山すそに法華経二十八品《ぼん》の写経を一巻ずつ筒に入れて埋納したとされ、修験者によって経塚が建てられた。ここを巡る修行者のために同数の参籠《さんろう》行所、つまり宿=霊場が出来、葛城修験の修行道場となった。

嘉永3年(1850)、犬鳴山の行者・智航が二十八経塚を調査して著した『葛嶺雑記《かつれいざっき》』には石塔、自然石、宝輪、石のほこらなどさまざまな経塚が描かれている。鎌倉期から江戸期にかけて、これらの経塚を山伏たちが盛んに行き来した。

葛城の峰々は吉野と熊野を結ぶ大峯奥駈け道とともに山伏必修の行場であった。両方での修行をすることで初めて「大先達」を名乗れたといい、葛城は女人にも開放されていた。

決定的なダメージを受けたのは、山伏の祈禱を人心をまどわす迷信とみた明治新政府が出した明治5年（1872）の修験道廃止令によるものだった。18万人の山伏が帰俗を促され、葛城の峰々でも経塚の多くが破壊されてしまった。だが、その信仰は根絶やしにされることはなかった。戦後まもない昭和20年代の混乱期に聖護院や犬鳴山七宝瀧寺《しっぽうりゅうじ》が『葛嶺雑記』の記述や所蔵の古文書で28カ所の経塚の位置確定作業を進め、現代によみがえった。

以来、本山派（天台系）の聖護院、当山派（真言系）の醍醐寺三宝院をはじめ、七宝瀧寺、那智山青岸渡寺といった修験道各派が定期的に入峯《にゅうぶ》修行している。また大阪府堺市の登山家、仲西政一郎さんが市販の登山地図に経塚の位置を書き込んだことで葛城二十八経塚が一般の人たちにも広く知られるようになった。

いま、山伏たちと同行する人たちが増えている。大阪の中心部から1時間足らずという地の利、男女不問、日帰り、服装や靴も自由というのが参加しやすい理由である。本書の写真撮影に同行した垂井俊憲さんや私も普通の登山のかっこうで行者さんたちと一緒に四季折々歩いてきた。ほら貝を吹き鳴らして早足で進む行者さんたちを追い、日に2～4カ所の経塚を巡った。行者さんたちは碑伝《ひで》と呼ぶ木札を納め、般若心経をとなえ印《いん》をむすぶ。私たちは合掌し祈る。スポーツ登山とは違う喜びがそこにあった。

葛城二十八経塚のルートは貴重な宗教・文化遺産である。カトリックにはスペインのカトリックの聖地サンティアゴ・デ・コンポステーラへの巡礼道がある。そこはユネスコの世界文化遺産として登録されている。葛城の山々をめぐるハイキングコースは「ダイヤモンド・トレール」として多くのハイカーに親しまれているが、一昔前は信仰者によって踏み固められた信仰の道であった。

20世紀最後の年は、神変大菩薩《じんべんだいぼさつ》、すなわち役行者の没後1300年に当たる。本写真集はその大遠忌《おんき》の年に、葛城の山々で繰り広げられている山伏たちの熱い信仰のようすを見事に切り取った貴重な記録である。

1000年近く続くこの信仰の道をより多くの人に歩いてほしい。そうすることが葛城修験の道を宗教・文化遺産として21世紀にのこすことにつながるのである。

（毎日新聞学芸部編集委員）

葛城二十八宿／地図

和歌山、大阪、奈良につらなる和泉山脈、金剛山脈に、役小角が法華経二十八品を写経して埋納、修験者のために経塚をたて行場を設けたもの。
友ヶ島を序品第一の地とし、奈良県北葛城郡の大和川に臨む亀ノ瀬を勧発品二十八に当てた。

なお、犬鳴山には山内に葛城修験犬鳴山内二十八宿があり、山伏の修行体験が出来る体験コースが設けられている。
（半日コース・１日コース・１泊２日コース）
お問い合わせは犬鳴山修験道（ TEL 0724-59-7101 ）まで

① 和歌山県和歌山市友ヶ島
② 和歌山県和歌山市西の庄
③ 和歌山県和歌山市雲山峯
④ 大阪府阪南市桑畑
⑤ 和歌山県那賀郡打田町
⑥ 和歌山県那賀郡打田町
⑦ 和歌山県那賀郡粉河町
⑧ 大阪府泉佐野市大木
⑨ 和歌山県那賀郡那賀町
⑩ 大阪府岸和田市牛滝町
⑪ 大阪府和泉市父鬼町
⑫ 和歌山県那賀郡かつらぎ町
⑬ 和歌山県那賀郡かつらぎ町
⑭ 大阪府河内長野市滝畑
⑮ 大阪府河内長野市加賀田
⑯ 大阪府河内長野市流谷
⑰ 大阪府河内長野市天見
⑱ 大阪府河内長野市岩瀬
⑲ 奈良県五條市上ノ町
⑳ 奈良県御所市鳴神
㉑ 奈良県御所市高天
㉒ 奈良県御所市関屋
㉓ 奈良県御所市猿目
㉔ 大阪府南河内郡河南町平石
㉕ 大阪府南河内郡河南町平石
㉖ 奈良県北葛城郡当麻町加守
㉗ 奈良県香芝市逢坂
㉘ 奈良県北葛城郡王寺町亀ノ瀬

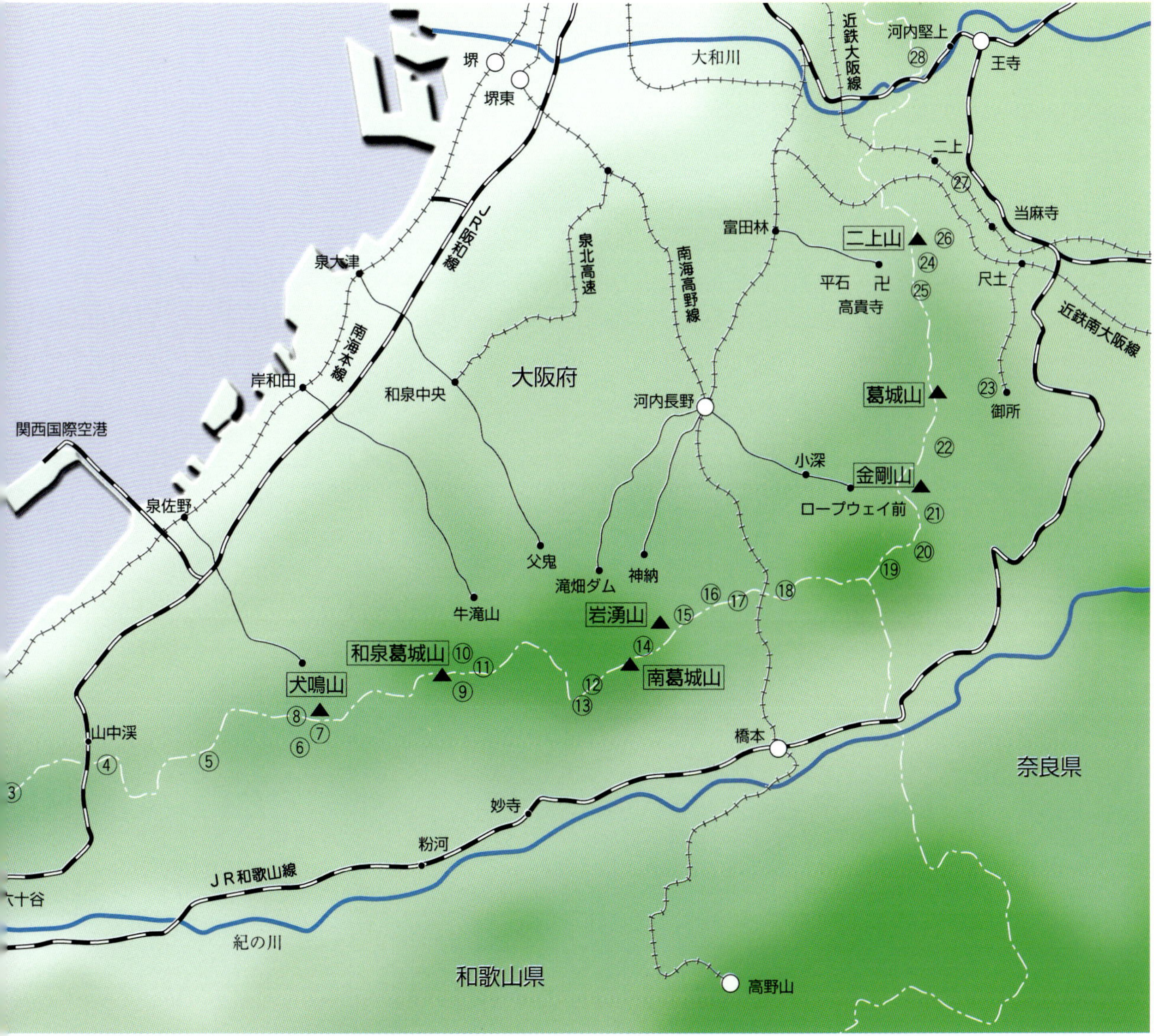

堺
堺東
大和川
近鉄大阪線
河内堅上
㉘
王寺
二上
㉗
当麻寺
二上山
㉖
㉔
㉕
富田林
平石
高貴寺
尺土
近鉄南大阪線
JR阪和線
泉大津
泉北高速
南海高野線
南海本線
岸和田
和泉中央
大阪府
河内長野
葛城山
㉓
御所
関西国際空港
小深
金剛山
㉒
ロープウェイ前
㉑
泉佐野
父鬼
滝畑ダム
神納
⑳
⑲
⑯
⑰
⑱
岩湧山
⑮
牛滝山
和泉葛城山
⑩
⑪
⑭
南葛城山
犬鳴山
⑨
⑫
⑬
⑧
⑦
⑥
山中渓
④
⑤
橋本
奈良県
妙寺
粉河
JR和歌山線
紀の川
和歌山県
高野山

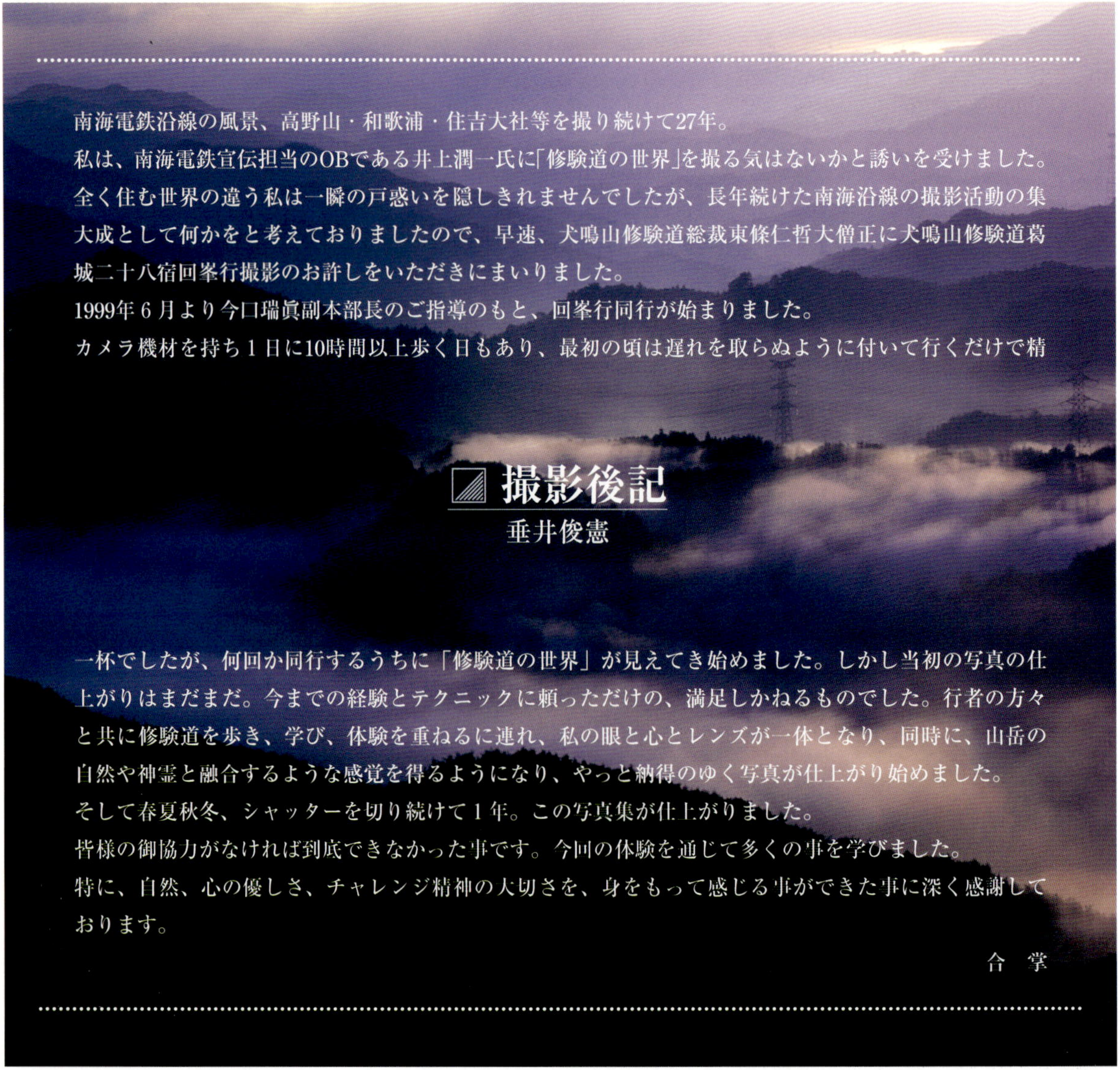

撮影後記

垂井俊憲

南海電鉄沿線の風景、高野山・和歌浦・住吉大社等を撮り続けて27年。
私は、南海電鉄宣伝担当のOBである井上潤一氏に「修験道の世界」を撮る気はないかと誘いを受けました。全く住む世界の違う私は一瞬の戸惑いを隠しきれませんでしたが、長年続けた南海沿線の撮影活動の集大成として何かをと考えておりましたので、早速、犬鳴山修験道総裁東條仁哲大僧正に犬鳴山修験道葛城二十八宿回峯行撮影のお許しをいただきにまいりました。
1999年６月より今口瑞眞副本部長のご指導のもと、回峯行同行が始まりました。
カメラ機材を持ち１日に10時間以上歩く日もあり、最初の頃は遅れを取らぬように付いて行くだけで精一杯でしたが、何回か同行するうちに「修験道の世界」が見えてき始めました。しかし当初の写真の仕上がりはまだまだ。今までの経験とテクニックに頼っただけの、満足しかねるものでした。行者の方々と共に修験道を歩き、学び、体験を重ねるに連れ、私の眼と心とレンズが一体となり、同時に、山岳の自然や神霊と融合するような感覚を得るようになり、やっと納得のゆく写真が仕上がり始めました。
そして春夏秋冬、シャッターを切り続けて１年。この写真集が仕上がりました。
皆様の御協力がなければ到底できなかった事です。今回の体験を通じて多くの事を学びました。
特に、自然、心の優しさ、チャレンジ精神の大切さを、身をもって感じる事ができた事に深く感謝しております。

合　掌

垂井俊憲（たるい・としのり）

プロフィール

1950　岡山県生まれ。
1970　日本写真専門学校卒業。
　　　ロシア・ヨーロッパ各地海外旅行ロケーション遂行。
　　　フジカラーサービス契約カメラマンとなる。
1975　南海電鉄の契約カメラマンとなる。
1976　フリーフォトグラファーとなり、富士フォト・ハウス設立。
1985　「インドの人々」で、JPS展公募85年度入賞。
1990　なんばCITYにてニューヨークシーン＆ダンサーの
　　　写真展開催。
1992　しんかなCITYにて、ニューヨーカーの写真展開催。
　　　日本写真家協会（JPS）入会。
1994　グラフィックデザイン部門設立。
2001　現在、スタッフ６名。

連絡先
大阪市西区南堀江 1-10-11　西谷ビル1号館３F　富士フォト・ハウス
TEL 06-6541-5514　FAX 06-6541-5500
e-mail　fuji.p.h@violin.ocn.ne.jp

犬鳴山修験道

葛城二十八宿を巡る

垂井俊憲写真集

2001年３月15日　初版１刷発行

写　　真　垂井俊憲
デザイン　重田徳子
発 行 者　今東成人
発 行 所　東方出版（株）
　〒543-0052　大阪市天王寺区大道1-8-15
　電話 06-6779-9571　FAX 06-6779-9573
　振替 00940-9-20522
印　　刷　ニューカラー写真印刷（株）

ISBN4-88591-702-6 C0072

役行者伝の謎	銭谷武平	2,000円
役行者伝記集成	銭谷武平	2,000円
行に生きる　密教行者の体験日記	田原亮演	1,200円
法華経のあらまし　二十八章と開・結	高橋勇夫	1,500円
法華百話	高橋勇夫	1,200円
空海百話	佐伯泉澄	1,000円
最澄百話	渡辺守順	980円
心経百話	妣田圭子	1,000円
密教夜話	三井英光	1,748円
インド佛跡巡禮	前田行貴	1,500円
僧侶入門	平野隆彰	1,600円
泉州ミュージアムネットワーク　南海沿線	南海電鉄編	600円

（表示価格は税抜き）

TOHO SYUPPAN